獨龍人居五條江

沈醒獅　著

楊光河

图书在版编目（CIP）数据

独龙人居五条江 / 沈醒狮著 . -- 昆明 : 云南大学
出版社 , 2023
ISBN 978-7-5482-4928-3

Ⅰ . ①独… Ⅱ . ①沈… Ⅲ . ①独龙族—民族文化—中
国—图集 Ⅳ . ① K286.5-64

中国国家版本馆 CIP 数据核字 (2023) 第 088285 号

策划编辑：展丽玲
责任编辑：展丽玲
封面设计：沈醒狮

DULONGREN JU WUTIAOJIANG

独龙人居五条江

沈醒狮 著

出版发行：云南大学出版社
印装：江苏凤凰新华印务集团有限公司
开本：889mm×1194mm   1/12
印张：20.5
字数：110 千
版次：2023 年 7 月第 1 版
印次：2023 年 7 月第 1 次印刷
书号：ISBN 978-7-5482-4928-3
定价：198.00 元

社　　址：云南省昆明市翠湖北路 2 号云南大学英华园内（650091）
电　　话：（0871）65033244　65031071
网　　址：http://www.ynup.com
E - mail：market@ynup.com

若发现本书有印装质量问题，请与印厂联系调换，联系电话：025-68036711。

本书系 2012 年教育部人文社科研究规划项目："独龙族民俗艺术研究"成果

献给独龙族的朋友们

安徽省委宣传部
安徽师范大学部校共建新闻与传播学院专项资金　　资助出版
上海视空文化传媒有限公司

序　言

——沈醒狮："沉浸式"记录独龙族十七年

一

　　第一次见到沈醒狮先生是在 2012 年的秋天。当时，他刚刚完成了一项壮举：在中国版图上的西南偏远一隅、横断山脉的西南尾端、中缅边境的独龙江乡度过了整整一个冬天（2011 年 11 月到 2012 年 5 月）。这期间，微弱的时断时续的手机信号是他与熟悉世界的唯一联系。直到 2015 年独龙江公路改建工程完工之前，独龙江乡每年都会有一半时间（11 月到次年 5 月）因暴雪封路而与外界中断交通，成为一个遗世独立的孤岛。2011 年，独龙江乡唯一通向山外的独龙江公路开始改建，这条自 1999 年 9 月通车的公路并没能改变冬天大雪封山的现实，此次改建目标就是全年通车。可能正是因此，沈醒狮决定在这一年的冬天"被封"在独龙江乡，与独龙族一起度过一个原汁原味的独龙江畔的冬天。他知道，一旦独龙江公路改建完成，独龙江乡与独龙族所经历的变化将是迅猛的。

　　到 2012 年，沈醒狮先生已经往返独龙江整 10 年了。那一年他带来了独龙江完整冬天和春天的一组摄影作品。图片中有鹅毛大雪，有冰冻的独木桥，有被大雪覆盖的原始森林，有村民为他缝制的野牛皮靴，有独龙族过春节时在家门上贴的春联，有缅甸境内独龙族移民的吃穿用度，有开春以后变绿的山林和热闹起来的村民生活……仿佛隐藏在地球上的一个小世界被揭开了一角，那个世界里的人们毫无戒备地接纳了沈醒狮，把活泼的情感和最自然的生活展现在他的镜头前。沈醒狮先生将这半年在独龙江畔的经历写成了《封山后的独龙江》，发表在了《中国国家地理》杂志 2012 年第 12 期上，我则是那篇报道的责任编辑。

二

　　我面前的沈醒狮先生从外表上看完全不像是安徽人，络腮胡子，满脸沧桑，风尘仆仆，一身非主流户外穿着，说"非主流"是因为他的身上没有名牌户外服装，所穿的只有必要户外用途的衣服、裤子和鞋——联想到他在独龙江畔的考察经历，我多少理解了他身上透出的那股"野味儿"。但是相处起来，他的温和、细致和谦逊，又时时让人感受到南方水乡氤氲般的柔和。

　　去那偏远之地拍摄独龙族，对于在安徽师范大学摄影系担任"实验教师"的沈醒狮来说，更像是一个意外。我问他，"实验教师是教什么呢？"沈先生说，实验教师就是教育学生掌握各类摄影技术，带领学生做各种新型摄影方式的尝试——正是为了给大学摄影系学生讲好一门实验摄影课，沈醒狮策划去远在横断山脉西南端紧挨中缅边境的独龙江畔寻访独龙族文面女。在最初做策划的时候，沈醒狮绝不会想到，这项实验一做就是 17 年。17 年间，他每年都要前往独龙族的居住地，他所拍摄的主题也随着时间的推移逐渐发生着改变，从最初仅是拍摄文面女，慢慢地扩展到整个独龙族的生存现状，再到逐年跟踪独龙族随时代而发生的各个层面的变化。

　　2003 年 7 月，沈醒狮第一次去独龙江地区采风。在那一次的采风中，沈醒狮采访并拍摄了独龙族仅存的 64 位文面女性，这些文面女性年龄最大者 108 岁，她们中的大部分在一生中从未拍过照片。"第一次走进独龙江地区，是因为这些文面女。在那些散落在深山峡谷间的小村子里，我拍摄了整整 40 天。离开之后，那里淳朴的民风、美丽的植物、独特的民俗和善良温厚的文面女一道成为我这一年来念念不忘的东西。它们一再地勾起我的回忆，吸引我一年后跋山涉水，再次来到这里"。这是沈醒狮在 2004 年为一本刊物撰写的文章《重返独龙江，滇藏腹地大穿越：沈醒狮从独龙江徒步穿越到察瓦龙》中的一句话。

谁曾想，当沈醒狮 2004 年重返独龙江地区，准备把一年前拍摄的照片送给她们时，已有 6 位文面女去世了。他只好把照片一张张送至坟前。在那一年的独龙江之行中，沈醒狮在当地村民向导陈永全的带领下，从独龙江畔最北端的村子麻必洛徒步三天翻过滇藏界山，走到了西藏察瓦龙乡，在察瓦龙乡走访了几个有独龙族移民的藏族村落，去寻找那里的文面女，遗憾的是一个也没有找到。

<h2 style="text-align:center">三</h2>

为独龙族文面女留下珍贵的影像资料是沈醒狮"勇闯"独龙江的最初动因，对这个项目的描述，几乎可以包含所有经典的影像记录要素：偏远、少数民族、独特的行将消失的民族习俗、原始森林、交通闭塞……但给我印象最深的，不仅仅是这些珍贵的影像，而是那几本写满了密密麻麻小字的日记——沈醒狮在极简陋和令人难以想象的艰难条件下，依然坚持写日记，他的日记记录得十分详细：时间、地点、人名、事件经过，人物的动作、对话、自然环境，等等。以至于他在给媒体写文章时几乎可以直接使用日记中的记载，后期只需要进行裁剪和加工。他的日记体现了他的所见、所思，日记的笔触和文风也有着固定的风格——所以，沈醒狮的日记，本身就是一件作品。从另一个角度来说，我们从沈醒狮的照片中对他所吃的苦感受不深，但是却能从他的日记中读出他的不易。

事无巨细的日记记录、纪实性的拍摄手法、长时间反复回访，这些做法和所带来的成果，早已超出了一个民俗摄影项目的范畴。我们可以说，沈醒狮以一个摄影师的身份，完成了人类学家、民族学家和社会学家的工作。他真实和细致地记录了独龙族在 2003—2019 年间所经历的变化，这些变化包括居住条件、民族传统服饰、人口流动、民族文化现象的消失或变迁、社会经济的变迁，等等。比如前面讲到的向导陈永全，2004 年送沈醒狮去西藏察瓦龙时还无车无房，到 2008 年，他的农家乐里已经有两辆车四排房了。类似这样个人生活翻天覆地的变化，在沈醒狮的独龙族影像记录里随处可以见到。可贵的是，他把这些变化细腻地摄入了镜头，记在了笔端。从人类学和社会学角度来看，沈醒狮先生这 17 年以来记录的素材是价值无量的。

更为可喜的是，沈醒狮先生以独龙族为拍摄目标，但所拍摄的地区不限于独龙族聚居的独龙江乡，而是独龙族分布的几乎所有地区。他的足迹遍布了五条江的流域范围：独龙江、怒江、澜沧江、恩梅开江、迈立开江；他走访和记录的步伐达至每个村子、每户人家，他的记录精确到一个村子有多少户、共有多少人口、分为哪几个少数民族、不同民族分别在这里生活了多少代人，等等。其中，恩梅开江和迈立开江位于缅甸境内，这充分显示了独龙族是跨国境民族的这个特点。我们从沈醒狮的图片和文字记录中，能够生动直观地看到分布在不同流域的独龙族有着哪些民族共性，又有哪些传统随环境的改变发生了变化，哪些变化是轻易发生的，哪些习惯则是独龙族人所固守、不依时空而改变的，等等。这些随空间的变化而显现出来的不同，与那些随时间的推移而显现出来的改变，同时被沈醒狮先生发现并记录下来。所以，如果我们说沈醒狮先生为独龙族留下了极为珍贵的民族史也是不过分的。

在全世界开始谈论"元宇宙"的时代，沈醒狮向独龙族人"万里奔赴"、真实地"沉浸"在独龙族人的生活当中，这种看似很"笨"的体验，却为我们带来了无价的信息。沈醒狮的这本摄影集是他 2003—2019 年寻访独龙族影像的第一次全面结集，我很期待这本书的读者能够在图片和文字之外，感受到那些无形的、浓密的、摄影师个人命运被纠缠其中的气息，并且"沉浸"其中。同时，为书中与我们共存，却又和我们如此不同的人群献上足够的尊重。

刘　晶

二〇二一年　秋

目　　录

独龙江 002

怒江 096

澜沧江 146

恩梅开江 156

迈立开江 181

后记 237

独龙江源于西藏察隅县，上游称克劳洛，与麻必洛河汇流后称独龙江。独龙江在独龙江乡境内的高黎贡山和担当力卡山之间穿流而过，乡境内流程为 92 公里。

中国的独龙族主要居住在云南省怒江州贡山独龙族怒族自治县独龙江乡，截止到 2021 年 4 月，独龙江乡共有独龙族人口 4194 人。

安徽师范大学摄影系的师生在独龙江进行田野调查

独龙江　2006 年 5 月

　　独龙江年降水量在2932—4000毫米之间，为全国之最，一年约300天是雨天，属东南亚三个多雨中心之一，独龙江乡政府所在地孔当常年云雾缭绕。

　　　　　　　　　　　云南　孔当　2019年7月

　　　　　　　　　　　　　（摄影　姚有春）

独龙江地区，海拔超过 4000 米的高山就有 100 多座。这里是横断山脉的核心区，喜马拉雅山的余脉。在这里大山阻断了人类对自然无止尽的索取，保持了大自然最原始、最崇高的权威。独龙人靠山吃山，男人女人都爱山。

在我的独龙族问卷调查中，有一个问题是：你最高兴的事是什么？龙元村 70 多岁的老太太庆年告诉我："最高兴的是到山上看到迷人的风景，高兴的眼泪都会流出来。"我本以为"小资"只是林妹妹们的专利，真没有想到深山里面的刘姥姥还这么艺术。

云南 担当力卡 2012 年 3 月

独龙江人身居边疆，把边疆打造成大山一样的铜墙铁壁。

云南　迪政当　2012 年 1 月

行进在独龙江公路上，恍惚中犹如在云中飞

云南　独龙江公路　2018 年 7 月

（摄影　周隆秀）

克劳洛（左边）和麻必洛（右边）的汇合处，独龙江的起点斯涌。

云南　斯涌　2019 年 7 月

（摄影　陈勤双）

江中石头上的每个坑，每条槽，每个洞，每根曲线，每条圆弧，

都精确记录下江水的轨迹，

是鬼斧神工，

是鬼斧神工刻下的石头的"DNA"。

云南 巴坡 2012 年 5 月

碧水化作千层雪

云南　迪政当　2012 年 1 月

昨晚春雷涌动，

换来一夜春雨，

晨时雨住，

山腰以上星星点点的春雪，

似仙童撒下的碎银，

日洛卡山上的枯叶由干涩变油润，

石壁上的劲松浮游于云雾之中，

似海中古舰队的船桅。

云南　迪政当　2012年2月

吉木多腊卡，山的背阴处，积雪深及大腿，数棵大树开满火红的花朵，集梅花的傲骨和牡丹的富贵于一体，这就是传说中仅存在于高黎贡山西部的野生大树杜鹃。大树杜鹃的生长期极长，从出苗到开花，大约需要 50 年，大树杜鹃的寿命更是能达数百年。大树杜鹃的枝干纠缠中透着舒展，树皮红润光滑得犹如少年的肌肤。

　　杜鹃花家族好像一座金字塔，金字塔的基座是映山红，金字塔的中间是高山杜鹃，金字塔的顶端是大树杜鹃，大树杜鹃是当之无愧的杜鹃花神。

　　　　云南　迪政当　2012 年 3 月

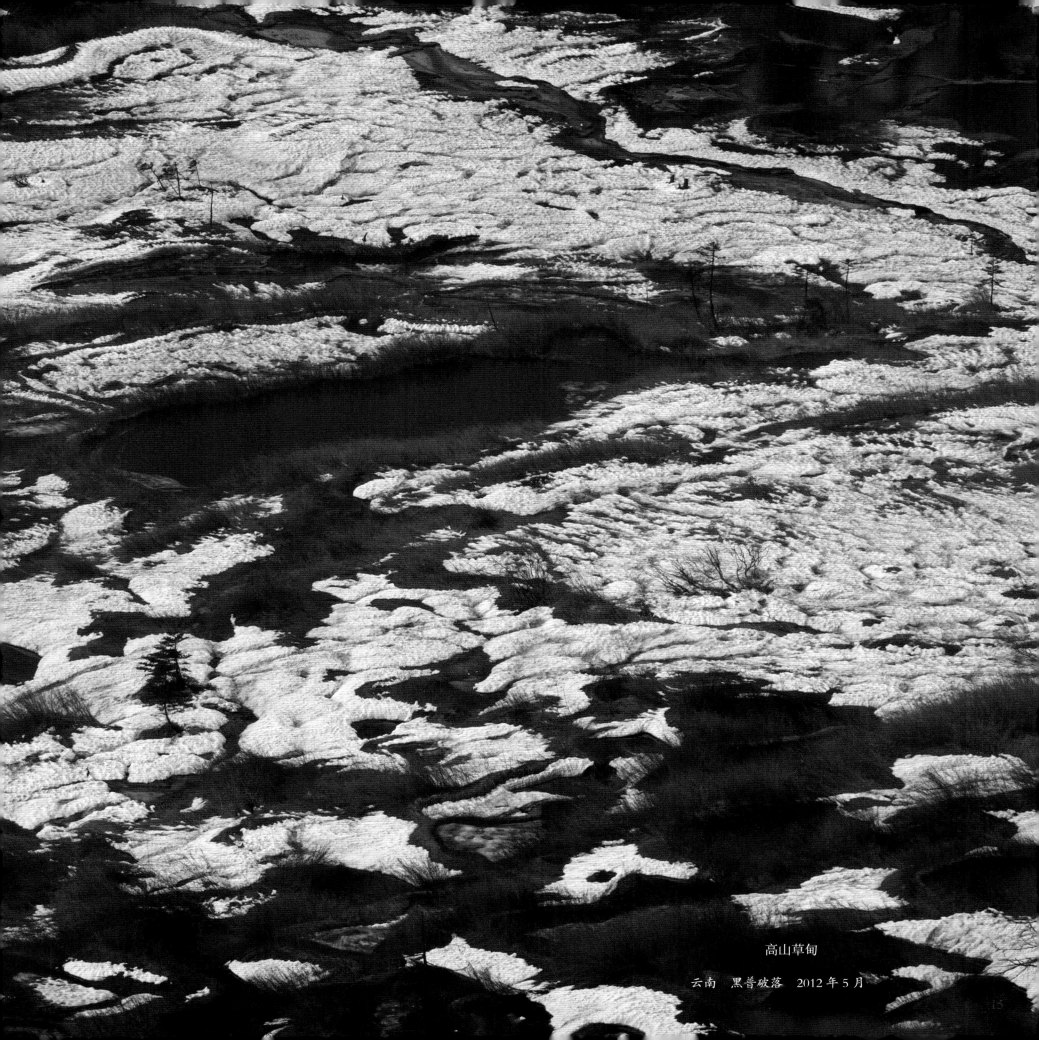

高山草甸

云南　黑普破落　2012 年 5 月

独龙江年降水量高达4000毫米，
每年除了秋天的 3 个月，
几乎天天在下雨。
自然，
海拔高的地方就是在下雪。
4000 毫米的降水，
蕴育了独龙江的众多河流，
独龙江 92 公里的江段上，
竟然有超过 80 条的支流汇入。
江上的藤桥远看就像一根线，
或隐或现于峡谷之中。

云南　献九当　2003 年 7 月

这座桥曾经是去南代的必经之地，有点危险噢

云南　南代　2012 年 2 月

独龙江的孩子从 6 岁上学起就要独自过独木藤桥

云南 献九当 2003 年 7 月

两位妈妈背着孩子过桥去乡村医生家给孩子打防疫针。

桥板歪了，桥很难通行，

族人告诉我，

去年 12 月，一个 22 岁独龙女子从桥上失足掉入江中，

今年 3 月，又有一个 18 岁独龙小伙子从桥上失足掉入江中。

云南　献九当　2004 年 7 月

巨树被泥石流冲下，卡在石头间成了桥

云南　迪政当　2003 年 7 月

冬天的时候，麻必洛河上临时搭了独木桥，
进出木当可以不用翻山，省时省力。
水不深，却相当急。
同行的有人摔跤，所幸没有人掉到河里。

云南　木当　2012 年 1 月

三个族人把用实心竹编成的竹溜索背到河边，选了处两岸都有大树的地方，两个人先到东岸，用一根细绳，一头系上石头和钩形树枝，另外一个人在西岸把一个钩形树枝系在竹竿上，站到水边接应，东岸的人抛出细绳，西岸的人用竹竿钩住，再把细绳系到溜索上。

　　西岸的人使劲拉出来，拴紧在大树上。东岸的几个人继续收紧垂下的溜索，在大树上绕几圈，并不拴死，多出的溜索在另一棵树上拴紧。单人溜，带重物溜，双人溜。最后三人同时溜，全部成功。以前见到的竹溜索都是三四根并在一起使用的，没想到单根竹溜索竟能承受三个人的重量。少雨的季节竹溜索可以用三个月，雨季最短时只能用二十天。

云南　班（地名）　2012 年 2 月

独龙江多江河而无湖泊（高山湖除外），行走于独龙江畔，隆隆的涛声似战鼓在擂，让人亢奋，让人肾上腺素释放，让人肌肉紧张，充满了力量。

我见到老太太那社松时，她正病恹恹地抱着孙子晒太阳。她说她有病，成天头犹如酒醉一样不清醒。随后她和儿女们一起过江，徒手攀爬竹篾溜索，敏捷得像只猫，谁能相信她已经 75 岁了。险恶的自然环境使人的生存变得不容易，激活了人体的全部潜能，让老人依然充满了活力。

云南　班（地名）　2003 年 7 月

溜索有两种架构，一种溜索的固定高度在两岸差不多高，称为平溜。

过溜的人到了平衡点，就需要依靠双臂仰面朝天地向上攀爬，越接近对岸，坡度越陡，也就越费力，而且溜索都比较细，不能像抓握单杠那样满把发力，对体力消耗格外大。平溜一个溜口只需要建一条，来回体力消耗相差不多，通常建在人流量较少的溜口。

另一种架构的溜索叫陡溜，一个溜口架设两根溜索，每根溜索在两岸的固定点一高一低，过溜的人从高处出发，利用重力，技术好的人可以直接溜到对岸，完全不用攀爬。过陡溜难点在于对出发速度的控制，慢了不能一气呵成到达终点，快了到终点停不下来，会直接撞到溜索固定物体上，严重的甚至会造成伤残。

谁也不能保证每次出发的速度都恰到好处，通常在到终点前都要刹一下车。刹车自然不能用脚，只能用手，直接用手握紧溜索，速度是会降下来，但手上肯定皮肉不保，族人也没有用手套的习惯，而且过一次溜索耗一双手套，族人也用不起。

他们用的刹车片是路边的灌木枝叶，扯一把灌木枝叶握在手中，需要减速时握紧就可以了，效果相当好。这刹车的节点和轻重控制，全凭每个人的灵气了。

云南　熊当　2003 年 7 月

　　独龙族人的过江方式，从原始的溜索、藤桥，到现在的彩虹桥，完美地演绎了一步跃千年的巨变。

云南　孔当　2016 年 10 月

蜿蜒于高黎贡山之中的独龙江公路，风景绮丽，不建议外地私家车自驾。

云南　高黎贡山　2016 年 10 月

2011 年 11 月，我进入独龙江流域，度过了长达半年的大雪封山期。

2012 年 5 月 4 日上午 9 点，从孔当出发回县城，下午 4 点，距黑普隧道仅数百米了，然而再次被卡住。

山上崩下的雪太多，开道的推土机努力一番，只能放弃。我们想返回孔当，但返程的路也被雪崩堵死了，所有车挤在一处悬崖下过夜。

云南　黑普破落　2012 年 5 月

雪线以下的高黎贡山隧道替代了雪线以上的黑普隧道，
结束了独龙江乡每年12月至次年5月不通车的历史。

云南　高黎贡山隧道　2016年10月

南代是独龙江北部最后一个村庄

云南　南代　2012 年 2 月

龙建新家卧室的屋顶是去年新换的松木片。龙建新和邻居合伙砍了一棵松树，劈了 900 片木片，每人交了 15 元砍伐费，换一次能用 4—5 年。

木片屋顶雨大难免会漏，睡前龙建新就提醒我漏雨喊他，夜雨断断续续，不能安心睡，一直等漏雨。

终于有水洒在我头上，本以为龙建新会用塑料布盖在我床上，却未料他用手电找到漏点，插上一块备用木片。还管用，一夜没大漏。

2019 年 7 月，我再去普尔的时候，族人已全部搬迁到新农村，原有的房子已经全部遗弃了。

云南　普尔　2012 年 2 月

柯欧侬群峰尽现眼前，

山青雪白，

主峰近五千米，

山脚江边班的村舍像小小的火柴盒。

云南　班（地名）　2012年2月

独龙江的冬天，并不是每处都下雪。

下游的巴坡村、马库村是从来不下雪的。

上游的木当就会下得很大，一夜之间雪深过膝。

2006 年大雪，木当积雪超过两米。

云南　木当　2012 年 1 月

新农村安置房全部由国家投资，
免费分给全体独龙族百姓。
鳏寡老人不分房，
集中到乡里的敬老院居住。

云南　龙元　2013 年 7 月

南代、木当等最偏远村庄的族人全部搬迁到熊当新农村，把山野还给野生动植物。

云南　熊当　2016 年 10 月

巴坡新农村

云南　巴坡　2016 年 10 月

以前族人喜欢住在一起，

若有儿子成家了，

就在原来的房子两端加接一间房子，

于是形成了长屋，

耕作分开，收获放在一起，

各取所需，

但是现在已经没有这种习惯了。

学者称此为原始社会家庭公社解体时期的家庭形式。

云南　迪政当　2012 年 3 月

独龙族人能歌善舞，有 4 个女儿的木新国，
家里安了一个卡拉 OK 厅里用的转灯。

独龙江　木当　2011 年 7 月

酒对于族人很重要，可以说形影不离。50 斤苞谷加一斤酒曲，酿成的是自熬酒，也就是土烧酒，要经过蒸馏，如果加 1—2 两酒曲，酿成的就是水酒，直接喝，不用蒸馏。

云南　迪政当　2012 年 3 月

南代只有 6 户人家，曾经主要靠狩猎为生，族人使用极原始的工具与野生动物博弈，几乎没有优势可言，还有人被老熊袭击致伤。近年来国家禁止狩猎，族人的所谓狩猎，更多的是一种对传统生活的追忆，有无收获，并不重要。

　　南代已经整村搬迁到熊当和迪政当去，把山林还给野生动物，狩猎或将成为族人永远的记忆。

云南　南代　2012 年 2 月

独龙汉子全副武装来到山坡上，
先砍下两根香樟树枝插在地上，
枝上缠上一些长条卷纸（替代经幡），
顶上挂上一长卷独龙毯，
又砍来一些香樟枝叶，点燃后成一个香烟缭绕的火塘，
五位汉子手捧荞面捏成的野牛、岩羊、野驴、麝等动物模型，
高声祈祷：
"英达（主管动物的山神），
我们送给您珍贵的独龙毯，
请您送给我们兽皮，
我们送给您钱，
送给您荞面的野牛、岩羊、野驴、麝，
请您也送给我们这些动物。"
最后在欢呼中，
把野牛、岩羊、野驴、麝等荞面模型抛向山坡。
荞面模型中只有族人希望猎获的动物，
没有猴子和熊，
这两种动物偷吃苞谷，
村民不欢迎它们。

云南　班（地名）　2012 年 3 月

陈永全等4位猎人带了7条狗，

上山折腾了一天，

一无所获。

中午，众人在木炭上烤热粑粑，

就酒进餐，

又分了一点粑粑给群狗。

云南　迪政当　2012年2月

猎人带的 4 种箭，
分别是射飞鼠、野驴、老熊和野牛的，
它们的区别在于毒药用量不一样。

云南　迪政当　2012 年 2 月

弩弓和箭袋是独龙族男人最重要的武器

云南 木当 2011 年 7 月

  龙建新的父亲给我做了一双雪靴，独龙语叫"腊不冬"，下部用带毛牛皮缝成饺子状，上部连着独龙毯靴筒，看上去质朴又充满野性。

  牛皮没有鞣制过，很硬，穿前要放在湿土里焐一天软化，冬天打猎穿上"腊不冬"防寒又防滑，用独龙毯做长靴筒既减轻了重量，增强灵活性，又可以防止雪灌进靴子里。

云南　普尔　2012 年 3 月

以前去南代的路，牲口都没有办法
走，生活物资全部靠人力背运。

云南　南代　2012 年 2 月

杨望里老人 1970 年至 1978 年在贡山当电工，月薪 20 元。

现在是五保户，国家每月发 40 斤大米，30 元钱。

杨望里 90 多岁了，出门还是全副武装，英姿不输少年。

云南　甲若　2011 年 7 月

一棵 40 多米高的云南松躺在山坡上，是建设新农村用材。

6 个人要让树滑到稍为平整的地方，要先砍去前方的障碍物，人躺在地上用脚蹬树，反复数次，终于搞定。大树滑到理想位置，差点撞翻了做饭的火堆。

云南　迪政当　2012 年 2 月

独龙族没有铁匠，
也没有其他的手艺人。
两位族人在打修砍刀，
风箱是用香樟木做的，
大的香樟树常空心，
掏空的工作量不大，
活塞是木板加鸡毛。

　　云南　普尔　2012 年 2 月

　　斧头砍刀是伐木的重要工具，近几年油锯逐渐削弱了斧头砍刀的重要性，和陈永全一起去熊当江中一座小岛开荒烧地，滑溜索过去。

　　陈永全和两位村民刀斧齐下，砍倒水冬瓜树，待干后放火烧，小岛约可开出两亩地，今年种苦荞，明年种苞谷、洋芋。

　　问为何不用油锯，回答说："油锯太重，用久了不会用斧头了，用斧头可以锻炼身体。"

云南　熊当　2013 年 7 月

上游村庄的燃料主要来自漂流木，

族人会在江滩上插上一些木桩，

阻拦、打捞这些被泥石流冲入江中的漂流木。

水急浪大，石头湿滑，

看族人在石头上跳来跳去，挥舞着斧头砍刀追逐漂流木，直看得我心惊肉跳。

云南　迪政当　2004 年 7 月

　　陈永华和亲友们齐聚在江东一块开阔地上，插两根竹竿，挂上一长溜藏式经幡，旁边又插一竿鲜红团旗，一棵松树顶上又绑一面黄旗，蓄电池供电的简易汽车音响播放着歌舞曲。9户人家、40多口老小，尽兴歌舞，几个孩子对篮球更感兴趣，在一段树干上挂起一个背篓，当作篮筐，开始比赛。

　　4点多开饭，松树林中掉落的旧松针上再铺一层绿松针。煮好的大块猪肉串于小树棍上，再放在松针上，另有辣酱、豆豉，肉汤中有面条、粉条、青菜，大家早饿了，吃到撑。饭后，火堆上加大量松针，火焰腾空燃起，全体围火堆手拉手翩翩起舞。

云南　迪政当　2012年1月

以前的独龙毯全部用野麻制作，

从砍麻、剥麻、理麻、搓洗、捻线、

煮麻、漂白、晾晒、绕团、染色、再晾晒、牵线到编织，

耗时极长。

特别是最后的编织，

使用极简陋的竹木工具，

千万次地用缠有纬线的竹梭穿过提起的经线，

用木板压紧，

重复、重复、重复，重复一辈子。

云南　普尔　2003 年 7 月

独龙族从原始社会家庭公社解体时期，一步跃千年，
族人和内地同步进入汽车时代，开着面包车去砍柴。

云南　熊当　2016 年 10 月

猎手蜕变为导游

云南 班(地名) 2019 年 7 月

2004 年陈永全送我去西藏扎恩时无车无房，现在他的农家乐里有 2 辆车 4 排房。

云南　迪政当　2018 年 8 月

独龙江的孩子上学，家离学校比较远的，全部住在学校里。

学校有洗衣机，但孩子们更喜欢自己洗衣服。

冬天的厚衣服一个人难对付，两人合作，

刷、踩、拧，忙得不亦乐乎，老师也来帮忙。

云南　龙元　2012 年 3 月

江南的雪花大多细碎，如绿豆、黄豆般大小，最大不超过蚕豆。我以为唐人李白诗云"燕山雪花大如席"是艺术的夸张，宋人华清淑诗云"燕塞雪，片片大如拳"也是夸张，夸张的程度比李白小一点。

1月10日孔当小学放寒假了，学校给回家的孩子每人发了三袋方便面和十元钱。迪政当的孩子年纪小的只有八岁，早上8:00离开学校，背上书包衣物等徒步三十多公里，到家已是晚上8点多了。住得更远的孩子，晚上在亲友家住一宿，第二天才能到家。

2012年1月12日，迪政当迎来了入冬以来最大一场雪，恰遇在孔当读小四的木当两个十来岁的小女孩要徒步回家，我和她们一起从迪政当出发，打算过熊当桥后从江东崖口返回，拍些女孩们雪中回家的镜头。走到砍柴的崖口，艰难跋涉的两个小女孩突然加速，跑步通过。原来这里多次雪崩过，学她们样，跑步通过危险处。雪越来越大，我担心回来的安全，就此和她们告别。几分钟，她们的身影就淹没在雪中。雪一团团飘下来，真的不比两个女孩的拳头小。

云南　迪政当　2012年1月

龙元学校住校的孩子每人每学期需交 40 斤大米、8 背柴，饭不限量，菜是分发的。

云南　龙元　2012 年 3 月

　　扁头鱼有人称为化石鱼，言下之意是扁头鱼亘古不变。我不这么认为，扁头鱼长期生活在激流中，下颚进化出了吸盘，能够吸附在江中石头上，不被激流冲走。

　　扁头鱼的卵比其他种类的鱼大了很多，孵化的小鱼自然也强壮很多，这大大增加了在激流中存活的几率。

　　据专家考察，在独龙江有7种鱼。但我问过很多族人，他们都说独龙江只有两种鱼：条鱼和扁鱼。我查到有好几本书上也这么说。我在独龙江确实只见过条鱼和扁鱼，这证明了扁头鱼进化得好，适应了独龙江的生存环境，因而数量较多。

云南　迪政当　2013年7月

族人砍树时收获了3条钢笔粗细的虫，像特大号的蚕。陈永全送来一条烤熟的，味道真不错，外皮焦脆，里面香糯，特像炸鲜奶。

云南　迪政当　2013 年 7 月

本地洋芋被称作珍珠洋芋，外地引进的洋芋和它比绝对是巨无霸。

珍珠洋芋又面又香，外地洋芋味淡、水汽大。

云南　南代　2011 年 7 月

野蜂蜜的形象不中看，里面常混有蜂巢残片，甚至还悬浮着死蜜蜂，吃起来却甘甜中透着异香。

云南　南代　2011 年 7 月

舂苞谷的舂桶是用百年水冬瓜老树干挖成的，舂杆是栎树木。
舂苞谷是个力气活，把玉米仁和玉米皮用簸箕分离开却是个技术活。

云南　迪政当　2012 年 2 月

耿开芳生于 1931 年，开会是耿开芳生活中的一件大事，选人大代表更是一丝不苟。

（《组照：文面女选干部》获中国—欧盟希望杯摄影大赛金奖）

云南　孔当　2003 年 7 月

　　独龙族的女子文面，是最罕见的民俗之一。2003 年，我共拍摄到了独龙族文面女（满面文，不舍局部文，下同）64 人。迄至 2020 年 1 月，独龙江仅剩下 11 位文面女。

　　文面的时间一般在冬天，冬天特别冷，冷的时候并不感觉很疼。木文新老人向我们演示了文面的方法。先准备染料，通常选用独龙语叫"打扁"的树，撕下树的最外层的表皮，表皮极薄，像竹膜。撕下的表皮放在锅里干馏，极薄的"打扁"树皮变成烟，凝集在悬在上方的另一口锅底上，刮下"打扁"烟灰，调上水即成染料。据说也有用松烟的，这大概因地而异。

　　文面工具是一种独龙语叫"琼明"的荆棘，选毛笔粗细的枝条，截下毛笔长短的一段去叶留下老嫩适中的一根刺，将其余的刺削去。文面时一般人躺在地上，画上图案，文面的师傅一手拿"琼明"枝，另一只手拿一根小木棍，轻轻敲打"琼明"枝，在皮肤上刺上小孔，随后涂上"打扁"烟灰。据说刺的时候并不很疼，像蚂蚁咬，涂上染料后脸会肿很大，数天或一周才消退，这期间是非常痛的，独龙人离不开火塘，但文面期间需要离火塘远远的，火一烤，会痛得更厉害。待脸上的肿消掉后，便留下终生不退的图案。

独龙族妇女文面样式的特点，主要是文面部突出的中心部位，以眉心鼻梁为中轴线，经鼻翼两侧向脸部展开，经双颊交合到下颌，左右对称，形似张开双翅的蝴蝶。眉心至鼻梁及颧骨下方到下颌文交叉菱形文样，上唇边文波形折线，下唇以竖线为主，双颊部为蝶翼状，主要以点状纹为主，还有菱形纹连续平行排列两侧。也有根据自己的喜好在蝶形的外轮廓及唇边文上自己喜欢的纹样的，但其变化都不大。主要还是以菱形、竖线及点状纹为主。整个纹面技法流畅，线条疏密有致，特别是波浪线的运用，加强了画图的动感，恰似蝴蝶展翅。

云南　熊当　2012年3月

当西生于 1915 年，
结婚后，
共生过 17 个孩子，
只活下来 3 个。
独龙女人像她身旁蜂巢里的蜜蜂一样辛勤。

云南　龙元　2003 年 7 月

娜生于 1923 年，
8 岁那年娜的母亲说，
人死了，
身上的东西会给活着的人拿走，
如果你文了面，
你就能带走身上的东西。

云南　辖若　2003 年 7 月

在独龙江上游，剪光头发，仅仅留下前额一小撮，是女人的标志。

云南　班（地名）　2003 年 7 月

手机在独龙江的普及程度和内地完全一样。

云南　熊当　2013 年 7 月

快乐其实很简单，钮扣串起的项链同样很美丽

云南　学蛙当　2003 年 7 月

才色生于 1913 年。

良种羊是国家给的。

她最大的愿望是把猪、羊、鸡喂好。

　　云南　白来　2003 年 7 月

找猪食是独龙女人主要日常工作，

独龙猪长得实在太慢，

两年还长不到 50 公斤，

但慢工出细活，

肉味无敌。

云南　迪政当　2013 年 7 月

达松不习惯和儿孙们一起住在新农村，独自在林中建了一间小屋，还养了猪。达松说："我最大的心愿就是能保存好所有文面人照片，永远地为独龙后代保存，直到所有文面的独龙姑娘死后。"

云南 班（地名） 2019 年 7 月

族人使用火塘，
热效率相当低，
每两天就要用一背篓柴。
砍柴是族人最重要的劳动之一。

云南　献九当　2003 年 7 月

木垒房基本上不开窗户，因为木头之间有太多的缝隙，通风透气极好。
除了独木大门，睡觉用的床有些也是用独木劈成的。

云南　班（地名）　2003 年 7 月

李文仕家分到的新房，买到的新车。

李文仕的女婿开车太猛，

去县城的路上，

一车人全吐了。

云南 熊当 2016 年 10 月

新农村的室内装潢已经和内地没什么区别

云南 熊当 2016 年 10 月

背柴是族人的主要工作，身后的柴火堆主要是打捞的漂流木。

云南　熊当　2019 年 7 月

（摄影　陈勤双）

班都利生于 1898 年，终身未娶

云南　班（地名）　2011 年 7

　　文面女碧秀仙去世了，身上盖着独龙毯，躺在火塘近门口处。头边放着她那已成黑色的小拷篓，篓里有包方便面。第二天，族人找了几块旧木板做了口棺材，在离家 10 多米的地头挖了穴，放下棺材，用泥把木板缝隙糊严实。棺底铺上独龙毯，把碧秀仙从屋里抬出，放入棺内，头旁放上没用完的药和方便面，盖棺。棺上盖上塑料地膜然后填土。

　　村里每户人家都背来木柴，入夜在坟前燃起大火，照亮她回父母家的路。鬼要是来吃她，影子会投射在漆木桩上，用弩弓毒箭射杀之。

　　鲁迅笔下的祥林嫂嫁了两次，害怕两个死鬼丈夫来抢，要被锯成两半，因而捐了一条门槛当替身。碧秀仙也嫁了两次，第一位丈夫死于去缅甸挖贝母，由于雪大脚滑坠于崖下，第二位丈夫死于从桥上滑落到江中。

　　她会怎样呢？

　　巫师说碧秀仙要在路上走三天才能到父母家。然后她会先跟前夫过几年，再和第二个丈夫过。拷贝人生，合理。到那边有上中下三条路，上路是婴儿和巫师走的，30 年后会重新投胎，独龙语叫"也娃达尔米洛刹"；中路是不偷不抢不做坏事的人走的，不能投胎，过着和这边差不多的生活，叫"也娃达尔斯洛刹"；下路是做坏事的人走的，下地狱受罪，叫"也娃米达呢"。

云南　迪政当　2012 年 1 月

当地的基督教教堂门口挂了一个背篓，很快装满了奉献的钱。

云南　拉王夺　2011 年 12 月

庆祝圣诞节，独龙江全乡有 10 个基督教教堂，近 700 名教徒。

云南　拉王夺　2011 年 12 月

在怒江流域，独龙族主要居住在西藏自治区林芝地区察隅县察瓦龙乡的扎恩村和云南省怒江州贡山独龙族怒族自治县丙中洛乡的小茶腊村。

云南　怒江　2011 年 7 月

扎恩村

历史上，独龙江曾由西藏自治区管辖，沿麻必洛而上，翻越海拔4096米的尼采腊卡，是当时传统的进藏通道。西藏自治区察隅县察瓦龙乡的扎恩村位于怒江边，是西藏唯一有独龙人聚居的村庄。村主任李长生告诉我，大约150年前族人从独龙江熊当出来，跟着土司走了5天的时间，去察瓦龙干活后就直接留在扎恩。到2020年1月，扎恩村一共有41户，分别是独龙族10户、怒族9户、傈僳族2户、藏族20户。

从2003年开始，到2019年为止，我多次到扎恩村进行田野调查。

其中2003年是跟随原察瓦龙乡旺秋乡长从云南贡山县丙中洛出发，徒步3天到达。

2004年由独龙族向导陈永全、李文花、杨秀花引导，从独龙江的木当村出发，徒步穿越尼采腊卡无人区，3天到达扎恩村。

2005年由怒族向导马红星引导，从贡山县丙中洛秋那桶村出发，徒步3天到达。

2006年我和我的学生刘玉才乘农用车进入察瓦龙地区，随后徒步、骑马，进行了更大范围的田野调查。

2018年和2019年陈永全和杨秀花开着自己的面包车引导我和我的摄影界朋友们到扎恩周边进行田野调查和采风。

扎恩村位于怒江大峡谷的右岸，
左岸是丙察察公路的毛坯路。

西藏　扎恩村　2016 年 1 月

从独龙江的木当村到西藏扎恩村
的路上，途经慈巴沟国家级自然保护
区，路上蘑菇极多，简直是蘑菇博物
园，能吃的少。一种鲜红的，向导说能
生吃，尝了一下，微脆、微香、微甜。

西藏　慈巴沟　2004 年 7 月

在慈巴沟国家级自然保护区里，巨
树遮天蔽日，这才是真正的原始森林。

西藏　慈巴沟　2004 年 7 月

春节前后气温高达30℃，雪山下仙人掌长势旺盛，典型的干热河谷气候。

西藏　察瓦龙　2006年2月

夕阳下的梅里雪山由金黄变成品红，这是我从来没有见到过的梅里雪山的色彩，非常美丽。

西藏　察瓦龙　2006 年 2 月

丙察察公路通车以前，察瓦龙地区的物资主要靠马帮运输，大流沙是最危险的路段。山坡全是像被碎石机打碎后的碎石，稍有风吹便会倾泻而下。2003年我和察瓦龙乡的乡长马队第一次过大流沙，原来前后拉得很长的 10 来人的队伍在大流沙前集合，所有人齐声大喊了几声，为的是震落已经松动的碎石。乡长再三叮嘱要快，他一面向上看着一面小跑，我根本无精力往上看，只顾盯着乡长的脚步，跟着跑，紧张得双手都麻木了。

西藏　大流沙　2004 年 7 月

来自福贡县的普友对夫妇和他们的亲戚共 5 人，平均年龄 21 岁，承包了丙察察公路大流沙旁的这段筑路工程。平时吃住在江边的山洞里。6 时半干活，9 时早饭，下午 2 时中饭，晚 8 点收工，晚饭。

西藏　大流沙　2004 年 7 月

丙察察公路是国内最具挑战性的自驾线路之一，过大流沙要格外小心。

西藏　大流沙　2019 年 7 月（摄影　丁庆庆）

去昌西村的转山是非常重要的活动，
扎恩村的男女老少全体参加。

西藏　昌西村　2005 年 2 月

自从 2003 年以来，在横断山区，我很多次使用溜索过江。人和马同时过溜的场景只遇到过一次。过溜时人和马分别系在一个木溜梆上，在马不停地挣扎中把人和马推向江心。溜索上的人带着一个装满水的可乐瓶，不时将水浇在溜索上。

水的作用一是增加润滑，二是给溜索和溜梆降降温。这浇水有大学问，浇少了人马停在半道，去也难、回也难，浇多了万一刹不住，撞上去肯定人马俱伤。快到终点，无论多么顺利，刹车也是必须的，这么大的重量也不是一把灌木枝叶当刹车片就可以刹得住的。

族人自有办法，对岸早有数人在溜索上系上了一个类似航母甲板上的拦阻索的绳子，拉紧，溜索上的人马碰到这根绳子，便恰到好处地停在该停的地方。

西藏　昌西村　2005 年 2 月

扎恩村的很多村民都跑运输了,

为了年审方便,

扎恩村的车大部分挂的是云南牌照。

李长生家有两台车,

卡车是挣钱的,越野车是家用的。

西藏　扎恩村　2018 年 8 月

察瓦龙乡参加县人代会的代表,
从乡里出发到县城, 徒步、骑马加上乘车,
大概需要5—7天时间。
扎恩村的顿珠(右起第六位)是独龙族的代表。
征用的马匹,每匹马一天十块钱,马夫每天两块钱,
是义务工性质的。

从察瓦龙乡到察隅县城途中   2006年2月

从碧土去察隅县途中，山体滑坡是常事，参加县人代会的代表全体成了抢险队员，沿玉曲河架栈道。

西藏　653 乡道　2006 年 2 月

全村福

西藏　扎恩村　2006 年 2 月

扎恩村独龙族人的服饰已经完全藏化

西藏　扎恩村 2005 年 2 月

阿莫家今年收了 10000 公斤粮食，挣了 20000 元钱。家里有 11 头猪、5 匹马、13 头牛、88 只羊，还有凶狠无比的一群狗。阿莫的公公已去世，全家的财产都由她的婆婆掌管。按规矩，婆婆到 65 岁退休后，财产由老大来管理。

西藏　扎恩村　2005 年 2 月

从这样的梯子上下，需要点勇气和技巧

西藏　扎恩村　2004 年 7 月

扎恩村的织机是独龙江没有的

西藏 扎恩村 2006 年 2 月

李长生家的新房，比以前村里的土司家还气派

西藏　扎恩村　2018 年 8 月

欢迎远方的客人

西藏　察瓦龙　2018 年 8 月

李长生家客厅的中柱上捆着一圈竹竿，是转梅里神山的纪念，
转梅里神山小圈要 5 天，大圈 13 天。

西藏　扎恩村　2019 年 7 月

夜阑珊，乐悠扬，琴声中饱含对独龙江的思念

西藏　扎恩村　2019 年 7 月

扎恩村人不多，共产党员可不少。虽然地处偏远，开展组织生活依然很积极。

西藏 扎恩村 2006 年 2 月

小茶腊

　　小茶腊位于怒江旁的贡山县丙中洛乡，是我走进的第一个独龙族村庄，也是独龙江乡以外最大的一个独龙族村庄。

　　截止到 2020 年 3 月，小茶腊共有 44 户，150 人。族人说：他们大约 20 世纪 40 年代从独龙江莫切旺搬过来，从莫切旺到小茶腊要走三天两夜。2003 年 7 月，我第一次进独龙江。刚刚初中毕业的李文花、杨秀花姐妹，成为我的向导兼翻译，多年来，我们已经成为好朋友。我去她们家超过十次，李文花及家人，也到过我家做客。

公路没有实现"村村通"的时候，从怒江边的公路到小茶腊，山路要爬两个多小时，现在可以一车直达。小茶腊的独龙族，选择住山上的理由之一是江边太热了，山上凉快，理由之二是风景好。

云南　小茶腊　2018 年 8 月

怒江流入云南以后，第一个马蹄形
大转弯，也称为怒江第一湾。

云南　怒江第一湾　2003 年 7 月

雨一直下，涓涓细流汇成小溪，流入嘎门闪忍
河后注入怒江，咆哮的怒江水原本如此温柔。

云南 莫里恰恰 2013 年 7 月

贡当神山下的丙中洛号称人神共居的地方，是丙察察公路的起点。

云南　丙中洛　2019 年 7 月

李文花家宰了一头猪，大约不到 50 公斤。

一半猪的后腿送给李文花的奶奶，其余的平均分成几份送给亲戚。

云南　小茶腊　2005 年 2 月

地板上铺上松针，放上猪杂碎炖豆腐、花生米、粉丝、炒青椒，是李文花家的年夜饭。

云南　小茶腊　2005 年 2 月

杨秀花的父亲拿来一束松树枝，

投入火塘说：

"松树枝很干净，

如果我们家明年吉祥平安，

你就直直的上天，

如果不吉利，

你就向下沿怒江水流走。

云南　小茶腊　2005 年 2 月

　　杨秀花的父母亲把漆树籽放在木舂中舂成粉末，筛去枝壳，粉里加水在大锅里先煮后炒，大约一个小时后移到室外临时挖的灶上保温。在旁边土坡上挖一个洞，插入一根木头，木头下放一个由木板挖成的集油盘，一个压榨机就完成了。

　　将漆树种子粉趁热装入小编织袋，再放在集油盘中，袋子上加一块木板，两人大力压木板。漆油从袋中涓涓流出，这是粗油，含有水分等，冷却后浮在上面的漆油会凝结成蜡状，才是成品。

　　独龙族喜欢用漆油打油茶，炒菜，如果受了外伤，还可以把漆油融化在水里，涂在伤口上，伤口会好得快。

云南　小茶腊　2005 年 2 月

李文花奶奶用拐棍和双手挖了一个有 0.25 公斤重的"思良"，

洗去泥土呈现出枣红色，很像山芋，烤熟了吃像荸荠，也像嫩的土豆。

云南　小茶腊　2005 年 2 月

林里蘑菇众多，独龙人对于从未见过的品种，鉴别是否有毒，方法很简单，一点点地尝，逐渐增加分量。老祖宗神农尝百草的方法，在高科技充溢的现代，依然有效。

云南　小茶腊　2018 年 8 月

即将临盆的孕妇，依然能轻松背负数十公斤的重物。

以前，独龙族的妇女大多在家里生孩子。

云南　小茶腊　2018 年 8 月

政府给每户独龙族人家都盖了新房，李文花的父母亲也分到一套。

云南　小茶腊　2013 年 7 月

在北京做文身工作的王哥来小茶腊采风，看上了李文花的妹妹，送给老丈人一台北京吉普车。

云南　小茶腊　2016 年 10 月

四代同堂的文面女木文新老人一家，女儿、外孙女儿、重外孙女儿都没有文面。木文新的大外孙女李文芳打工回家，嫁给了傈僳族青年余青平，妹妹李文娟嫁给从事文身艺术的北京人王哥。

近些年文面女的知名度越来越高，李文芳逐渐也有了像外婆一样文面的想法。

2012 年，终于决定去北京请妹夫帮她文面，但老公坚决不同意："除非你帮我找一位和你长得一模一样的人做老婆。"李文芳很尊重丈夫对她的爱，暂时中止了文面的打算。

云南　小茶腊　2018 年 8 月

　　李文花嫁到了县城附近，生了 3 个儿子，卖菜的收入比在小茶腊高多了，夫妻俩的目标是挣 100 万，在公路边的宅基地上盖一座 6 层高的楼房。

云南　贡山　2016 年 10 月

杨秀花去昆明读了大学，毕业后在昆明
漂了几年，最终还是回到了自己的村庄，买
了车，开了农家乐。

云南　独龙江公路　2016 年 10 月

李文花奶奶木文新生于 1925 年，是我拍摄的第一位文面女。

她给我们讲了一个故事：古时候雨一直下，山上树上长满了木耳，村里人都去采木耳，背篓采满了，人们就回家了。但有一对兄妹俩的背篓怎么也采不满，只好冒着大雨一直向嘎哇嘎普山上走，快到峰顶终于采满了，想回家，才发现山下全被水淹没了，人也全淹死了。兄妹只好相依为命，晚上睡觉时两人中间放一个盛满水的竹筒，但早晨醒来时却发现两人挤在一起，竹筒移到了一边，水一点没洒，兄妹知道了神要他们结为夫妻。后来，他们的子女搬下山沿独龙江居住，这就是独龙族的起源，嘎哇嘎普从此成为独龙人的神山。

多年来，一直想去神山嘎哇嘎普，找了很多族人，恳请他们带我去。夏天的时候，他们说："蛇太多，去不了。"冬天的时候，他们又说："雪太深，去不了。"最终和我一起去的人竟是老朋友李文花，李文花的姐夫，李文花姐夫的两位朋友，和他们基本谈妥后，他们说："我们信教的，星期天做礼拜，不工作，不走路。"我有点意外，试着商量："世界上信教的人很多，星期天在家里不工作是可以的，如果在外面不工作怎么行？比如说很多美国兵都信教，但星期天不打仗能行吗？"他们商量了一会，有了转机："赶路也行，但我们不砍树。"做饭、搭帐篷都得砍树，不砍树就没得吃、没得住，我试着说："你们不砍，我来砍可以吗？""可以，你们砍，我们搭帐篷做饭。"

后来，我们都忘了日子，没有人提星期天的事情。

此行的起点是小茶腊，终点是迪政当，徒步九天无人区。

云南　嘎叽头　海拔 3400 米　2013 年 7 月

　　在应该可以看见嘎哇嘎普山峰的位置，雨雾茫茫，天地一色。众人说："神山不是可以轻易看到的。"我们沿着山脊绕嘎哇嘎普，小心前行，没有后勤，没有救援，在这样的地方摔跤，一定是人生的最后一跤。

　　独龙族人临江而居，在江边的台地上种庄稼，在江里捕鱼。在享受独龙江恩赐的同时，也承受着洪水泛滥带来的灾难，嘎哇嘎普是独龙江地区的最高峰，是独龙人创世纪中的诺亚方舟，是独龙人的发源地。我们伫立合掌，满怀敬畏，向神山致敬！

云南　嘎叽头　海拔 3400 米　2013 年 7 月

澜沧江

澜沧江　　2017 年 2 月

位于澜沧江旁的云南省迪庆藏族自治州维西傈僳族自治县康普乡齐乐村，是贡山县以外最大的一个独龙族村庄。族人说，他们大约是 20 世纪 40 年代从缅甸"密切"（音译）迁徙过来的。

云南　维西　2017 年 2 月
（摄影　郭宸宸）

齐乐村山高地少，村民们除了种地，还要去采药和打工以补贴家用。

云南　维西　2017 年 2 月

（摄影　郭宸宸）

齐乐村很难找到平地，村委会也建在山坡上

云南　维西　2017 年 2 月

（摄影　郭宸宸）

齐乐村曲扒开二组的李红光家，一般城里人有的家电他们家都有，家人有三部手机。

云南　维西　2017 年 2 月
（摄影　郭宸宸）

李红光家的服装和生活方式已经和傈僳族差不多了。

李红光娶儿媳妇没有办酒席，只是在提亲的时候，送了两提砖茶、两块红纸包红糖、十斤酒（家酿）。

云南　维西　2017 年 2 月

老婆婆今年 100 岁了，老婆婆说她是很小时由长辈带回国，那边语言与这边相同。她是从缅甸搬回来的人当中唯一在世的。

云南　维西　2017 年 2 月
（摄影　郭宸宸）

生产工具原来可以这么简单

云南　维西　2017 年 2 月

（摄影　郭宸宸）

我们去齐乐村并没有事先联系，也没有任何朋友介绍，
当他们知道我们是在进行独龙族研究的时候，非常热情地接待了我们。

云南　维西　2017 年 2 月
（摄影　郭宸宸）

克钦话称恩梅开江为"恩梅卡"，意为"不可跨涉的河"。

独龙江从钦郎当附近流入缅甸，称为恩梅开江，恩梅开江在密支那附近和迈立开江汇合后，称为伊洛瓦底江，向南注入安达曼海。

在缅甸克钦邦生活着数万名日旺人，他们是与中国独龙族系跨境而居的同一族系，和中国独龙族语言相通，习俗相似，双方边民可通过边民通道相互自由往来。

恩梅开江　　2012 年 4 月

从中缅 41 号界桩到毗邻中国的缅甸木根干村只需要徒步两个小时，
截至 2016 年 7 月，木根干有 60 多户，300 多人，全部是日旺人（缅甸独
龙族），村民说：爷爷辈曾住在独龙江马库，人口多了，开始往下游迁，
到木根干等地定居下来。

缅甸　木根干　2012 年 4 月

从独龙江去木根干，必须经过独龙人称"哈巴依岭"的地方，

意思是从"月亮上泻下来的水"。

瀑布约有 100 多米高，

30—40 米宽，

远看也就一细流。

从高处泻下来的水激起弥漫水雾，

无法睁眼抬头，

行人什么都看不清。

石头极滑，踩进水里，水深过膝。

风吹起遮水的塑料布，整个人像雨中奋起的蝴蝶。

云南　钦郎当　2012 年 4 月

木梯又湿又滑，依山壁而建。木梯
下的恩梅开江涛声不绝，更让人心慌。

缅甸　木根干　2012 年 4 月

恩梅开江两岸零星散布着一些火烧地，通常第一年种苦荞，土质好的种旱稻，第二年种苞谷、洋芋。

缅甸　木根干　2012年4月

Nang Sor 家住在恩梅开江的左岸，屋旁栽有高大的董棕树，董棕的寿命是 30 年。董棕树一年只生长一片叶子，20 年以上的才可以砍倒做董棕粉。

缅甸　木根干　2016 年 10 月

松旺村长家正在建新房子，屋顶用的波形铁皮要从独龙江三乡背来。来回五天，管吃喝，每位背工五天工钱为 200 元人民币。松旺是木匠，帮别人干活每天工钱为 50 元人民币，自己的新房要花约 4 万元人民币。

缅甸　木根干　2012 年 4 月

松旺的藤帽用最细的藤条编织，要花 15 天，四周还要插上野猪的獠牙，男人戴上很是威武。

　　村长三年选一次，松旺从 2006 年起当村长，他和村民最迫切的需求是修通公路。

　　　　缅甸　木根干　2016 年 10 月

　　社让高中毕业，乡里让他当驻村干部，月薪折合成人民币 1150 元，但村里的工作是由月薪折合成人民币约 300 元的松旺村长说了算，社让去乡里汇报工作，走大路要 5 天，走小路要 4 天。

缅甸　木根干　2016 年 10 月

松旺村长和村民一起为教堂背柴

缅甸　木根干　2016 年 10 月

Nang Sor（右一）在独龙江迪政当帮亲戚看店，是她邀请我们来木根干。Nang Sor 的父亲说他的爷爷是从独龙江拉王夺对面的木根当木搬下来的。

Nang Sor 的父亲说不清自己多少岁，大约 70 岁，只记得妻子 15 岁时和他结的婚，快 30 年了。屋前的杜鹃花最大的那棵是结婚前栽的，满树红花满树火，拍全家福时，12 个儿女分列两边，妻子肚子里还有一个。

缅甸　木根干　2012 年 4 月

Nang Sor 父亲砍下约 70 厘米长的两段董棕树段，一剖为四，扛到田边一个棚子里，地上铺上编织袋，棚中间横放一棵树。董棕树段抵着树放下，Nang Sor 父亲和 5 位子女持小锄把树干刨成锯末状。尝了一下，像老荸荠，有粉感，明显有甜味，渣很少，可吞下，完全无法和树联系到一起。一个人的锄钝了，换下的竟是石头片，石片用藤绑在木头上，互联网时代中的石器部落。

缅甸　木根干　2012 年 4 月

　　董棕树末倒进竹片编的槽中，在流水下用脚踩，淀粉水从编织袋漏下。依次通过 4 个董棕树叶沉淀池沉淀后，明晨便可取粉，这棵树有 20 年了，估计可制 200 斤粉。缺粮的年代，Nang Sor 家一周制两次粉，一年制1000—1500 斤当饭吃。

缅甸　木根干　2012 年 4 月

　　早上收董棕粉，沉淀充分，上面的清水放掉，下面就是厚实的淀粉。掰起放进垫了布的背篓里，回家已成一梯形整块，直接放在火塘边烤，近火一端很快烤熟，像揭煎饼一样整张揭下，呈黄色，干粉做的饼呈褐色，新鲜的更好吃。

缅甸　木根干　2012 年 4 月

马科父子俩的箭袋上挂着熊牙做的装饰

缅甸 古县 2012 年 4 月

马科的父亲上过 5 年神学院，墙上挂着精美的毕业证书

缅甸　古县　2012 年 4 月

　　鸡脚稗是我见过的最奇怪的栽培作物了，鸡脚稗应该是稗草的一种。在中国的江南，稗草是可恶的稻田杂草，农人们将其除净而后快。偏偏幼时的稗草长得和秧苗极为相似，我在农村插队时，拔稗草是重要的农活，我为辨别稗草花了不少功夫，总还出错。鸡脚稗在独龙江成了粮食作物，源于它杂草的本性，生命力极顽强，撒下去就不用管理了。鸡脚稗粑粑口感糙但很香，不苦、微甜，相当抵饱。

缅甸　古县　2012 年 4 月

　　木根干学校有 1—7 年级约 60 名学生，10 位女老师，1 位男老师。老师大多来自密支那等外地，学校教缅语、英语，大部分老师不懂独龙语。老师的月工资折合成人民币约 1000 多元，领工资要松旺在相关文件上盖章证明，老师们的米、菜，村民会主动送来。

　　　　　　　　　　　　　　　　　缅甸　木根干　2016 年 10 月

木根干学校，有的年级只有 3 个学生

缅甸　木根干　2016 年 10 月

满脚泥巴上舞台，这才是真正的乡村歌舞

缅甸　木根干　2012 年 4 月

参加培灵会（基督教的活动）最先的内容是学汉语，其中一句是："你是哪里人？"

"我是贡山人。"

参加培灵会的教师和学生全是"日旺人"（独龙人），百余人同时大声说出："我是贡山人！"真让我感动。

缅甸　木根干　2012 年 4 月

来参加培灵会（基督教的活动）的人，每人交 12 碗大米，15 元钱，作为一周的伙食费。中餐每人 2 个饭团，1 个猪肉丁烧野菜，全包在类似小型的芭蕉叶里，有人用手抓，更多人选择了筷子或匙。百十号人同棚用餐，氛围好好。

缅甸　木根干　2012 年 4 月

培灵会结束后，学员们握手言别，互道珍重。最远来自密支那的学员，路上要走 14 天。来自密支那的教师
打算徒步到独龙江三乡，然后乘车经贡山、六库、瑞丽、曼德勒回去。

缅甸　木根干　2012 年 4 月

　　古县（村庄名）教堂正在做礼拜，来了三个中国人，教民出来看稀奇。

　　给他们在教堂前拍了合影，全村上至百岁老人，下到怀中婴儿，全体参加。告别后，我们转过两个山坡后回头看，村民还在向我们挥手。

缅甸　古县　2012 年 4 月

妹妹水灵，哥哥威武

缅甸　木根干　2012 年 4 月

迈立是一种红艳的山花，"迈立卡"即为"花之江"。

在缅甸克钦邦江心坡地区的最北端，中国、缅甸、印度三国交界的地方，有两个一般地图上找不到的小山村，独那都和嗯然当。

独那都有 13 户独龙族，90 人，祖籍麻必洛，迁过来有 4 代了。嗯然当有 25 户独龙族，8 户日旺人，独龙族有 180 人，祖籍迪政当和麻必当，迁过来有 5 代了。两个村子在迈立开江的上游，缅甸最高峰、海拔 5881 米的开加博峰山脚下。

我和 3 位族人熊志刚、李华、龙元刚从独龙江出发到独那都看望他们的朋友，徒步 13 天，途中所经之地是完全没有人烟的无人区。

迈立开江　2016 年 10 月

从独龙江到独那都和嗯然当，途经达那腊卡垭口。垭口处的高山湖蓝得令人心醉，远处是梅里雪山洁白的群峰，景色壮美却凶险相伴。这样的美景我的3位向导虽然是多次到过这里，也是第一次看到。因为怕大雪封山，敢于在深秋穿越此处的人很少，其他可以通行的日子，大多雨雾蒙蒙，根本看不到梅里雪山。这里是山之巅，河之源。白马旺、布卡旺（孔当）、龙由龙（老向红）、独那龙（独那都）均发源于此。

云南　达那腊卡垭口　海拔4160米　2016年10月

深秋的红石滩，艳丽有如

缅甸　达杭丹　2016 年 11 月

　　"咕咚咕咚"是野牛喝水的声音，竟然成了一个地名。

　　担当力卡到处是山涧溪流，各处的野牛偏偏不辞辛苦，赶到这里畅饮从一处陡坡山洞里流出的温泉，所以这里就叫"咚"。咚周边的山路、河滩上布满了野牛的脚印和粪便。

　　我经过咚周边4个猎人的营地，每个营地都留下了许多野牛头骨，野牛肯定知道这里是坟场，但依然每年5月至9月冒死前来饮水，这水一定有讲究，含有特殊物质。

缅甸　咚（地名）　2016年10月

数年过去了，我依然忘不了这幽蓝的眼神，极犀利。族人说有人带了两条狗上山打猎，过了很多天还没有回来，族人去找，发现狗还在，主人只剩下遗骨。

他们坚信，狗是绝不会吃主人的，主人若是遭到猛兽攻击，狗是会和猛兽拼命的，但又无法解释看到的现场，而今狗完好，主人没了。

我想：是否有可能主人意外而亡，死后气味改变，狗不识主人，而只知肉味呢？在这蛮荒之地，狗和狼真没有绝对的界定。

缅甸　嗯然当　2016 年 11 月

小路满是纠缠盘错的杜鹃树根，树根下面常有空洞，一不小心就
会被绊倒或者踩空。杜鹃开花的时候非常漂亮。只可惜那时大雪封路，
观赏不到。

缅甸　咚（地名）　2016 年 10 月

在没有溜梆的情况下，向导仅用一根树杈吊在溜索上爬了过去。

我的向导熊志刚五岁上小学，学校在江对面。第一天爸爸背他过桥，他吓哭了。

第二天就自己去过吊桥了。独自过溜索时间还要早，上学前就独自过溜去奶奶家了。

缅甸　大那不穷都（地名）　2016 年 10 月

巨树横架河中，两头有木棍竖梯上下，一座完美的独木桥。向导说这棵树是族人为了去对岸砍倒的，不是砍树干，而是砍树根。

这里岩石上的土层很薄，植被的根都扎得浅，天长日久，巨树根下的泥土渐被雨水淘空，根都露出来了。族人肯定经过精确估算，控制了树倒的方向，造就了这座完美的独木桥。

但夏季水大，桥是会被推动的，不过现在的位置恰好被巨石挡住，如果明年水大就会被冲走，成了长了腿的桥了。

缅甸　龙得龙都（地名）　2016 年 10 月

　　主河道进入峡谷，河水从两岸绝壁间流过，完全无法行走。小道穿行于山上悬崖间、密林中，垂直的悬崖上架的天梯树棍藤条已朽。族人背着沉重的背篓，攀登极为艰难，我也时刻心悬空中，4 人中任何一人有闪失，剩下的行程都难以完成。

　　缅甸　无名地　2016 年 10 月

竹桥桥面上仅铺了 3 根不及脚掌宽的
小竹竿，李华背了三脚架先过，熊志刚体
重不到 100 斤，直接背行李过去了。我虽
多次过藤桥，但从没有经历过这样危险的
桥。这座桥不可能容两人同过，我必须独
自过，一步一挪，手扶稳竹片吊索，脚呈
45 度踏在桥面上，虽心慌脚软，但终于过
来了。小熊又过去背龙元刚的行李，竹竿
实在脆弱，回程竹子断了 5 根，着实后怕。

缅甸　独那都　2016 年 11 月

    进入无人区的第十天，早上竟然收获了 21 条鱼，约有 5—6 斤，一餐是吃不完的，早上吃 14 条，晚上吃 7 条。鱼无鳞，切成块，用盐腌片刻，加油爆，加水煮，一锅极鲜美的鱼汤就好了。量很足，4 人不再推让，尽兴吃。鱼肠等内脏用油爆炒后也是一道菜。我尝了一下，有点苦，因为鱼胆也是不扔的，吃剩的鱼刺在炭火上烤了一下，吃起来又酥又脆，族人对食材的利用可谓极致，整条鱼没有一丁点浪费。

缅甸　无名地　2016 年 10 月

我们把回来路上要吃的大米挂在树上，这里的老百姓都这么做，不会丢掉。

在我们最缺粮食的时候，我曾经说，我们取一点他们的粮食，给钱。我的向导们说：不可以！我们拿了他们的粮食，他们就可能活不了。

缅甸　依麦桶　2016 年 10 月

悬崖下的营地很小，四人挤不下，分三处睡觉，我总担心会有蛇从石缝里钻出来，这里可是蛇类的乐园，路上多次碰到过毒蛇。

缅甸　龙得龙都（地名）　2016 年 10 月

　　这一带的村民大多由此行至达杭丹，再行 2—4 天至西藏吉太购物。道路有人打理，路边草深不过膝，险要之处有树枝防护。族人说：

　　"路好得连小孩都能走。"

　　此处的小孩野外生存能力远胜城里的成人。

缅甸　嗯然当　2016 年 11 月

族人需要的生活物资，如果从葡萄或者云南贡山购买来回需要 1 个月，从西藏吉太购买来回只需要 10 天。大部分人家会在垭口附近建一个小木屋，赶在封山前先把从西藏吉太购买的物资运过垭口，存放在小木屋里，然后慢慢背回家。

缅甸　达杭丹　2016 年 11 月

　　徒步 13 天，终于到达了缅甸独龙族的第一个村庄独那都，住进当地人家里，主人以微笑待客，倍感温馨。一路上总是期望明天的路好一点，结果依然是走得胆战心惊，一丝丝不敢大意。河边圆石极滑，块石多棱，遇到断崖必须登高远绕，也必定登陡崖，横切斜坡，斜坡土松草滑几乎无可抓借力之物，是我最怕的路段。下坡体力消耗虽少了点，但膝盖关节早已超负荷，每一步向下的冲击都使疼痛加剧，因为护疼，脚步显得僵硬，缺少弹性，更加疲累。

缅甸　独那都　2016 年 11 月

独那都有 13 户，

90 口人，

祖籍麻必洛，

迁过来有 4 代了，

村子在阿冬洛左岸。

阿冬洛两岸原生林已经很少，

山坡上茅草远比树多。

缅甸　独那都　2016 年 11 月

　　我们住在约翰家，他家的房子长10米，宽大约8米，是5年前盖的。用了100根竹子，10个人花了半个月，可以住10多年。家里有4部手机，从贡山买的。对讲机3对，在村里买一对800元，在贡山只要300元。水力机是去年从西藏吉太买的，300瓦，大约4000元，有一台液晶电视也是从西藏吉太买的，用卫星天线可以看电视。约翰以后想买鞋子、奶粉、汽油，想学汉语，希望孩子能当一名教师。想去中国。

缅甸　独那都　2016年11月

约翰家每天大约烧两背篓柴，烧的大部分是水冬瓜。

吃饭时桌凳让给客人，家人席地而坐。

缅甸　独那都　2016 年 11 月

和在独龙江一样，村民招待客人的小吃也是爆玉米花

缅甸　嗯然当　2016 年 11 月

麻必年塞夫妻老家都是独龙江麻必洛的，
丈夫是村里的教师，一个月工资大约是人民币
1000 元。学校大概是 5 年前建的，有 5 名老
师，20 个学生。

缅甸　独那都　2016 年 11 月

以前可以打猎的时候，这家人收获最多的一年打了 10 多头野兽。每年打两三头熊，用弩弓打，熊最大的卖 4000 元，最小的 500 元，熊牙一只 100 元，一对 400 元。麝每年打过两三只，大的 5000 元，小的 3000 元。还打到过狼，每年一两只，用弩弓毒箭打。蛇非常多，秋天也多，被蛇咬过的人也多。有一个人在山上挖药材的时候被咬死，年纪 30 多岁。

缅甸 独那都 2016 年 11 月

松不里普，36 岁，读过 1 年书，老家住在独龙江麻必洛。

妻子冷木当娜，35 岁，没读过书，老家在独龙江冷木当。

祖辈留下的完全用野麻手工织成的独龙毯，在独龙江已经找不到了。

缅甸　独那都　2016 年 11 月

各尽所能

缅甸　嗯然当　2016 年 11 月

仍然在使用中的石磨，两片几乎没有修整过的圆形扁石，堪称完美。

缅甸　嗯然当　2016 年 11 月

只靠小小竹箭的动能和机械损伤是不可能射杀稍大的猎物的，起杀伤作用的是箭头涂的毒药草乌。

缅甸　独那都　2016 年 11 月

ZiSay 今年 12 岁，想到中国学汉语

缅甸　独那都　2016 年 11 月

火花从扳机处溅出，我很担心会伤到枪手自己

缅甸　独那都　2016 年 11 月

天巴老人自称 99 岁，看了他缅甸身份证，生于 1927 年，应是 89 岁。他的家人说身份证写错了，应该是生于 1917 年。天巴说他们是第 5 代，先人以前从巴坡麻必当迁到此，当初只有夫妇两人，生活习惯和独龙人完全一样，直到 70 年前信教才改变。

信教前族人也过卡雀哇节，也剽牛。天巴剽过 3 次牛。我问镖枪还在吗？心中想 70 年过去了，镖枪肯定不在了。老人果然说不在了。后来又起身去找，竟然找到了。镖枪长 186 厘米，铁制枪头 34 厘米，枪杆用栎木制成。天巴说剽牛时牛主人将牛捆好，他只用一枪便能成功。天巴还给我们唱起了过节时的歌，神色凝重，重回少年。天巴身份证上写的是日旺族，但他坚称自己是独龙族，是和日旺族有区别的。

缅甸　嗯然当　2016 年 11 月

参加射弩比赛的 9 位村民，靶子是约 30 米开外的一个洋丝瓜，有两人试着用土枪，多次击发死火，好容易枪响了，却不中靶，弩弓也是射不中，不得不多次缩短距离。看起来这类武器只适合射杀野牛一类墙一样大的目标。

缅甸　独那都　2016 年 11 月

做礼拜也是村民的聚会，男女老少全都参加

　　　缅甸　嗯然当　2016 年 11 月

教堂主持人做了号召：

　　"中国的独龙族到我们村来了，天下独龙族都是一家人，现在他们粮食不够了，你们有能力帮助的，就帮帮他们，让他们能够安全回家。以后我们去中国，他们也会帮助我们的。"礼拜结束，住得近的族人赶紧回家取食物送给我们。

缅甸　嗯然当　2016 年 11 月

　　山下仅下了 2—3 天小雨，山上雪深已经过膝。清晨出发，一直在走，中午不敢休息，也无处休息。没有雪地靴，没有登山杖，没有 GPS，没有安全绳，没有护目镜，没有氧气瓶，连干粮都没有。只有一根小竹竿，一步一探，多次摔跤，多次踏入雪洞，终于通过了中缅两国独龙族人传统往来通道的最艰险部分。

　　　　　　　　　　　　　西藏　果哈龙　2016 年 11 月

葡萄是一个幽静的小乡村，位于缅北葡萄平原之迈立开江左岸。葡萄离中国边境直线距离只有 92 公里，生活在葡萄平原上的缅甸日旺人很多和中国独龙族都有亲戚关系，往来频繁。

缅甸　葡萄　2014 年 1 月

葡萄地处偏僻，外面的世界对葡萄几乎没什么影响。这里家家有牛车，双轮木车，男女老幼都会驾车，我看到的最小的驾车人是学龄前儿童。

缅甸　葡萄　2014 年 1 月

得莫得多请我们进他家，在火塘边就坐，煮鸡蛋，敬茶，和独龙江待客方式一模一样，用独龙话交谈，完全没有障碍。

缅甸　葡萄　2014 年 1 月

　　得莫得多祖籍在独龙江巴坡的麻必当村，现在父亲还在那里。得莫得多去年以 4000 余元人民币卖掉别处的两亩地搬到这里，庭院 60 步见方，建房花了 1200 元人民币。去年靠打工、挖虫草挣了 2 万元，少的时候一年只挣 3—4 千元。共有 10 个孩子，全部读书，最高学历十年级。15 岁女儿密撒儿最向往中国，老九、老十是双胞胎，老九想当宇航员，向往的是中国、美国、泰国。老十想当桥梁工程师，向往的是美国。

缅甸　葡萄　2014 年 1 月

这里的农产品长相很一般，中吃不中看。买卖很方便，不论重量，论
体积。

缅甸　葡萄　2014 年 1 月

土地不仅提供了吃的，也提供了穿的
和戴的

　　缅甸　葡萄　2014 年 1 月

狩猎曾经是独龙汉子最重要的生产活动，至今还在传唱的打猎歌的歌词大意是："啊吆啦吆吆我带着弩弓背着毒箭上山去打猎，我要当猎王，因为我喜欢打猎。我打过老虎，打过熊，打过野牛，所有的野兽没有我没有打死过的，我要当世界上最强的猎手，我也希望自己能当上猎王，这样的话，没有人看不起我，没有人说我闲话，我要打更多更强大的猎物，我要打到越来越多的猎物，要比吠确松旺（当时他是最能打的）打得还要多，因为我要当猎王高手。"

　　好猎手受到所有人的尊重。我见过很多族人把自己猎捕的动物头骨挂在屋门口和屋梁上，把野猪的獠牙插在帽子上，把熊牙串起来挂在脖子上，但是把这种巨型的棕颈犀鸟的头骨插在帽子上，我只见到过一次。

　　缅甸　葡萄　2014 年 1 月

223

在缅甸克钦邦生活着数万名日旺人，他们和中国独龙族语言相通，生活习惯相似，往来密切。迈立开江在这附近和恩梅开江汇合，称为伊洛瓦底江。密支那坐落在伊洛瓦底江边，有两条公路直通中国边境，全程约200多公里。密支那是缅甸北部克钦邦首府。

缅甸　密支那　2014年1月

从曼德勒到密支那的 600 公里窄轨铁路建于 1898 年，火车开了 18 个小时。

缅甸　密支那　2014 年 1 月

车厢里的座位都是木制的，一节车厢仅 20 个座位，面对面两米有余，也不知几等几级，太宽敞了。在车左右晃时，就像不情愿哄弟弟妹妹的孩子狠命摇摇篮撒气；车上下跳时，像是在拍皮球，一下比一下有力，但众人并不在意，随着弹跳的节奏齐声高喊："嘿！嘿！嘿！"

缅甸　密支那　2014 年 1 月

各不当村共 51 户，265 人。100 多年前祖上从独龙江拉王夺一带来到缅甸，
语言没变，衣着已改，节日也和当地一样，大部分人去过贡山、六库。

缅甸　密支那　2014 年 1 月

密忍玛的父亲在教堂工作。主屋竹编墙，屋顶铺薄草，造价 5000 元人民币，自备太阳能发电。

缅甸　密支那　2014 年 1 月

密忍玛（右一）极苗条，不笑的时候总现愁容。

采访中才知道密忍玛已经从密支那大学畜牧专业毕业，但是找不到工作，又在神学院读大一。

缅甸　密支那　2014 年 1 月

日旺姑娘的腰带，是用币贝穿串而成，堪称文物

缅甸　密支那　2014 年 1 月

克钦邦的日旺人大部分是基督徒，神学院毕业生很受欢迎，有普通大学毕业生找不到工作的，就又报考神学院继续读书。

缅甸　密支那　2014 年 1 月

在密支那巧遇一场日旺人的婚礼，婚礼由牧师主持，伴以合唱队的歌声，神圣而庄重。婚姻证书由夫妻双方、双方家长签名。新娘送给新郎宝剑，送宝剑的意思是我嫁给你了，你要用剑来保护我，保护我们家，保护我们日旺人的家。

缅甸　密支那　2014 年 1 月

　　新人在花瓣雨中牵手走出教堂是婚礼的高潮。新郎父亲是教会长老，新郎是仰光大学毕业的，现任传道员和神学院教师。新娘进门，婆婆帮她戴上金项链。进新房的通道中，少男少女拦住新人讨要买路钱。开了门，新房极小，上下左右，就一张床，除了一床，别的一无所有。

缅甸　密支那　2014 年 1 月

婚礼上有人专门摄影、摄像，我的拍摄只想留点资料而已，但他们要求我，合影照片一定要给他们，因为是中国摄影师拍的。

缅甸　密支那　2014 年 1 月

新郎家客厅墙上挂着独龙牛头，还有腰刀、背篓。在众多学士照中，有一张云南独龙族研究会合影，还有60多年前他父母在古县拍的老照片，很珍贵。

缅甸　密支那　2014 年 1 月

陈毅副总理生前所作《赠缅甸友人》的诗中写道：
"我住江之头，君住江之尾。彼此情无限，共饮一江水。"

缅甸　密支那　2014 年 1 月

小时候生活很艰苦，听老师讲共产主义，听得如痴如醉。我憧憬那一天早点到来，我相信那一天一定会到来。

长大了生活依然艰苦，各尽所能是理所当然的，各取所需我怀疑，还要一段漫长的时间才能实现。

2003年我第一次进入独龙江地区，接触到了独龙族人的生活。刀耕火种的生产方式依然在一定程度上延续，很多人的家庭状况几乎是赤贫，但是他们依然可以分给我食物。这就是人之初，性本善。有些大家庭兄弟们成家了，各自耕种一块土地，但是收获的粮食却放在同一个仓库里，各取所需，保存着原始社会家庭公社的遗风。

2016年，我们在穿越13天无人区的路上，食物即将耗尽，我和向导说取一点族人留在路边、准备返回路上吃的食物，我们给钱。向导说不可以，给钱没有用，我们取了他们的食物他们就会饿死。

现在我老了，开始返老还童了，我又想起小时候老师讲的共产主义，我相信那一天一定会到来。

人这一辈子实在是太短了，几乎没有人能看到人类社会进化相对完整的过程。但是我很幸运，我看到了独龙族人从保存着原始社会家庭公社解体时期的遗风到经历社会主义小康时代的变化。这10多年来独龙族人的变化就是一个人类社会进化的浓缩版。

非常高兴能把我的见闻和大家分享。

感谢关心、支持和帮助独龙族民俗研究的领导、同事和朋友。

感谢陈志勇先生和刘静雯女士为本书编排所做的大量工作。

感谢余雁、陈璐、姚有春、周隆秀、张霄树等朋友的支持。

特别感谢我的妻子刘海凤、女儿沈影等所有家人的理解和支持。

沈醒狮　2021年　秋